Biographie

DES

FEMMES AUTEURS

CONTEMPORAINES FRANÇAISES

AVEC PORTRAITS

DESSINÉS D'APRÈS NATURE PAR M. JULES BOILLY,

ET SOUS LA DIRECTION

DE M. ALFRED DE MONTFERRAND.

Portraits et Fac Simile.

PARIS

ARMAND-AUBRÉE, LIBRAIRE,

ÉDITEUR DE LA BIBLIOTHÈQUE UNIVERSELLE DES VOYAGES,

RUE TARANNE, 14.

IMPRIMERIE ET FONDERIE DE RIGNOUX ET Cⁱᵉ, RUE DES FRANCS-BOURGEOIS-SAINT-MICHEL, 8.

1836.

La Coquetterie n'est pas ce qu'on nous donne de plus
mauvais. Car si la femme jolie de quinze ans désire qu'on
la trouve jolie, bientôt elle veut qu'on l'aime. La jeune
femme veut plaire — et pour plaire et être aimée
une femme sait qu'avant tout il faut être bonne

La Duchesse d'Abrantès

Lith. de Thierry Frères

Mme LA DUCHESSE D'ABRANTÈS.

Je te maudis du sein des ondes
Terre au prestige suborneur ;
Dont les entrailles si fécondes
N'ont pas un germe de bonheur :
Le sort à toi toute éphémère
Semble nous jeter triomphans,
Mais bientôt sur la gerbe amère
Chacun de nous crie : ô ma mère,
Tu ne peux nourrir tes enfans !!!

B. Valtenheym
Gabrielle Journet

Mme d'ALTENHEIM, Née Gabrielle SOUMET

[...] de tous les [...] vous que le ciel, dans sa munificence, fit à l'homme
pour compléter son existence, multiplier sa puissance intellectuelle,
féconder sa vie et la rendre utile et belle, il n'en est aucun de
plus précieux et de plus réel que le pouvoir de transmettre à [...]
penser au monde et de les perpétuer par son écrit, aucun
de plus sublime dans sa source et de plus [...] dans ses
résultats, aucun qui pourrait, à de plus justes [...], rendre
l'homme heureux et fier de lui-même. Si trop souvent, dans
son innombrable [...], il en faisait comme s'il était
ce qui lui fut donné pour son bonheur, une somme de [...]
illustrations et ce n'est plutôt qu'une somme de lumière
et de vérité. [...] C'était pourtant un glorieux privilège
pour l'homme que celui d'écrire pour le bien de l'humanité
et de transmettre ainsi son âme aux générations à venir!
C'était une noble mission que cette mission d'écrire! l'une
des plus grandes, l'une des plus [...] ! À l'homme
seul il appartenait d'instruire l'homme et d'éclairer le
monde, à l'homme seul il appartenait de perfectionner
l'homme et de [...] lui-même! [...] mille fois [...]
est celui qui ne comprend pas tout ce qu'il y a de [...]
et de [...] dans une mission littéraire, mille fois [...]
coupable est celui-là [...] les écrits ne sont qu'une
[...] de ce qui [...] et de plus pur et de
plus beau [...]

Alexandre Arago

le récit trop bref sans doute que vous
m'avez fait de vos travaux, et vôtre modestie
portée au plus haut degré m'ont ravis, j'avais cer-
tainement une très haute opinion de vous, mais
elle a doublé depuis notre entretien; j'avois, non sur
le cœur, mais bien avant dans son intérieur ce que
je vous ai de griffonner, et c'est avec un grand plaisir
que je me suis déchargée d'un poids très agré-
able, mais qui pèse soit à mon sentiment.

Hirconville

inédit.
—

Quel est ce Sentiment qui sans le Secours d'aucune
illusion, sans aucune Volupté terrestre, sait enchaîner
irrévocablement deux âmes l'une à l'autre ? ce
Sentiment plus généreux, moins absolu que —
L'Amour sans être moins puissant, qui loin de
nous isoler comme lui, de concentrer entièrement
notre existence en lui même, semble communiquer
son charme aux autres liens de la vie qu'il
laisse pourtant tous bien loin derrière lui ! ce
Sentiment rare, si rare qu'on n'y croit pas, ce —
Sentiment qui dans le Coeur d'une femme a tous —
les soins, toute la sollicitude, toute la tendresse
maternelle avec une correspondance bien plus
étendue, bien plus complette de toutes nos —
facultés morales qu'on ne peut l'avoir avec un
enfant ! ce Sentiment rempli de douces joies, de
Délices paisibles et purs savourés tous les jours
dans le Sein du Repos, est pourtant de la flamme,
c'est une Passion sans tourment, qui s'accroît
de sa jouissance, que l'intimité rend toujours plus
chère et qui devient l'air qu'on respire, c'est enfin —
L'Amitié dans une âme jeune, vive, tendre et —
passionnée, un tel Sentiment serait la Béatitude
s'il n'était souvent alarmé par une crainte vague
qui vient dans le Silence des nuits et dans l'étonnement
du Réveil nous répéter ces mots terribles : mourir
L'un après l'autre ! ils tombent comme une glace
sur notre Coeur épouvanté. Ô vous qui vivez d'un
pareil Sentiment rendez Grace au Ciel ; mourez si
vous l'avez perdu.   Victoire Babois
Paris 29 juillet 1829
—

Mᵐᵉ VICTOIRE BABOIS.

Mᵐᵉ LA COMTESSE DE BAWR.

Le Chrétien est de tous les hommes celui dont l'esprit est le plus satisfait et le plus calme. Dans les sciences il ne recherche que des faits, et n'exige point son jugement pour les expliquer; il sait que l'auteur de la nature s'en réserva les secrets et n'en voulut révéler que ce qui devoit être utile à la créature. Son imagination s'est conservée pure, ses yeux sont demeurés chastes: le beau seul dans les arts peut le toucher, et il dédaigne tout ce qui n'a pas quelqu'affinité avec la perfection qu'il adore; la société des hommes est pour lui d'institution divine, il reconnoît les devoirs qu'elle lui a imposé, et croit qu'un de ses droits est de la servir, alors même qu'elle déchoit de son origine. Du temps qui lui est donné il ne l'emploie ni en vaines études, ni en frivoles enseignemens, ni en dangereuses spéculations. Par les saintes Écritures il a tout appris, tout expliqué, tout prévu. Il se connoît comme il connoît autrui; il sait où il va, et le chemin qu'il doit suivre, et ne parcourt la terre que pour arriver jusqu'aux cieux.

12 7bre 1835.

La C^{sse} de Bradi.

Mme LA COMTESSE DE BRADI.

Fragments.

.... Quand ces vers lugubres et mélodieux viennent frapper ton oreille, quand tu vois la douce mélancolie se tisser ses couronnes d'immortelles et de cyprès, dis-moi quel est le sentiment qui t'agite, et pourquoi sous tes palpite ton cœur ! quel est le charme secret qui fait couler les larmes, quand la muse du poète, cessant de chanter les plaisirs de la vie, s'avance d'un pas lent et solennel, enveloppée du sombre voile de la douleur ? quel est l'attrait ignoré de la plupart des mortels qui te fait rechercher les retraites sauvages où l'écho ne redit jamais les chants du bonheur ?

Mais pourquoi t'adresser ces questions ! mon cœur a-t-il le passage de tout ce qui peut émouvoir le tien ! Comme toi, j'ai vu un sourire de dédain et de pitié effleurer mes lèvres en observant les insensés qui dansent et chantent sur leurs tombes entr'ouvertes ! comme toi, j'aime ce mystérieux vallon où l'agreste beauté s'épanouit les folâtres jeunesse, et cet ombrage épais où s'arrêtent les rayons du soleil et le bruit du monde ! Tu nous répétais ensemble : vivre c'est fuir l'ivresse frénétique ou stupide de l'existence sociale ! vivre, c'est tout devoir à la nature, à cette bienfaisance à la fois ferme et sévère qui, souriant à des lois immuables, ne connaît ni la pitié, ni l'erreur.

Regarde ce lierre qui rampe à nos pieds, en mourir de l'immense entortillé, voyant ainsi trouver un appui elle s'attache contre cette épine. Soins inutiles elles sont mortes les branches qui entoureraient l'épine ! ... D'autres se sont prolongées sous la mousse ... elles ont rencontré l'arbre de renouveler, elles s'élèvent avec lui, elles l'entourent et si l'orage dont il est menacé éclate elles seront anéanties avec lui !

Comment ne pas aimer le paysage muet de cette solitude ; il nous redit ta destinée et la sienne ! .....

Aloyse B^{ne} de Carlowitz.

Mᵐᵉ LA BARONNE ALOÏSE DE CARLOWITZ.

La Mort d'une abeille

———

Ton doux murmure, ô jeune abeille,
Me guide vers la fleur vermeille
Où frémissent tes ailes d'or.
Là, suspendue à son calice,
Sous un ciel brillant et propice,
En caressant ce frais trésor,
Oh! que de parfums, que de charmes!
Quels purs et suaves contours!
Mais quoi, la rose tout amoureuse
Baisse son front chargé de larmes.
C'est la pluie..., hélas, puis soudain:
C'est l'orage..... ensuite..... il s'annonce:
Le vent siffle, le jour s'éteint.
„ aimer! aimer! „ c'est la réponse.
Ah! brave l'orage et sa fureur;
Crains la grêle..... ô fatal délire!
Sur le sein même de la fleur,
Elle t'attire et te déchire.

En un moment l'orage a fui;
Et, se relevant gracieuse,
La rose s'ouvre radieuse
Au retour du soleil qui luit,
Et toi, pauvre abeille éplorée,
A ses pieds tu meurs sans secours.
Ton aile de gaze dorée
Traîne tremblante et vacine
Sur ton corselet de velours:
Oh toi l'étamine d'hier éclose,
Regrettant tes soeurs, le Zéphyr,
Le doux nectar que tu composes
Et tout un printemps d'avenir......
Mais tu dis avec un soupir:
„ Je serais morte après la rose;
„ Je ne la verrai pas mourir. „

Elisabeth Celnart.

Fragment d'une nouvelle inédite.

Quel est donc le crime de lèse-majesté qui indigne ainsi ces dames, demanda me disait à M. de Granville, j'étais un peu, je n'ai pas entendu; c'est, reprit M. de Granville, avec un accent plein d'ironie c'est le comte de Larnac, riche, beau, aimable, haut placé dans le monde, qui fait la folie d'être amoureux d'une jeune personne charmante mais sans fortune, il veut l'épouser, il rompt pour elle des engagements que ses parents avaient pris avec une riche héritière. Et chacun de s'écrier sur une pareille absurdité; on dit le comte s'est trompé, tombé dans un piège, on jette la pierre à la malheureuse qui s'est avisée, n'ayant pas le sou, de trouver le comte à son goût, et de consentir à s'unir à lui; c'est d'une hardiesse d'une indélicatesse; on verse des larmes sur le sort de la pauvre éclipsée qui n'aime du comte que sa fortune... et son nom, qui est déjà consolée parce qu'un marquis plus riche encore que lui a fait demander sa main.

Maintenant retournez la médaille, supposez que le comte abandonnât une jeune fille bien née, mais pauvre, une jeune fille qui l'aimerait depuis longtemps qui ne survivrait peut-être pas qu'un tel coup conduira au tombeau, qu'il abandonnât, dis-je, cette âme fiancée pour une noble et grande alliance, ces mêmes femmes que vous voyez aujourd'hui si indignées, si méprisantes trouveraient la chose toute naturelle, enfin, diraient-elles le comte revient donc à la raison il sent le ridicule de sa conduite, il consent à un mariage convenable, il épouse une demoiselle d'un beau nom, c'est bien, son vieux père s'est donné assez de mal pour le décider, mais enfin c'est une chose faite il a donné sa parole.

Voilà ce qui agite ces dames, vous voyez que c'est tout à fait juste, et qu'on doit aimer la société quand on lui préfère une aussi noble manière de penser, détruire est mettre la misanthropie jusqu'en les épaules et tourner le dos à son ami

Vinc. Collin

Vous me demandez, Monsieur, comment m'est venue ma vocation d'auteur
savez vous que pour cette simple question vous entrez dans ce qu'il y a
de grave et de compromis dans ma vie, et que si je vous répondais avec
franchise je vous mettrais dans l'intimité de mon âme? Je le ferai pourtant
car vous pourrez m'entendre; mais convenez-en vous ne vous attendiez pas
à trouver une preuve d'estime et d'affection là où vous ne cherchiez qu'à
satisfaire un peu de curiosité.

Eh! ne savez vous pas que dans les choses humaines tout se touche et se
lie, qu'une situation imprévue, qu'un malheur, que la moindre circonstance
ou décide plus d'une fois d'aide d'une existence entière; et que l'ange de notre
destinée nous porte suivant son caprice d'un horizon à un autre, trompant
toutes les prévisions par son vol rapide? Celui qui dès l'abord me prit sous
son aile me fit passer à travers de douces brises, pour me jeter ensuite dans
les nuées orageuses. Je ne m'en plaignis pas; en m'élevant avec lui, j'ai senti
j'ai vu j'ai souffert; j'ai vécu de cette vie de la pensée qui multiplie l'existence
j'ai compris les chants des poètes montant vers les régions que j'ai parcourues,
j'ai cherché la vérité avec les philosophes de la terre, et j'ai compris Dieu
dès que je n'ai plus entendu la voix des hommes.

Redescendue de ces hauteurs, quoique bien jeune encore, j'ai eu besoin de
repos et de solitude. Quelques unes de mes illusions étaient perdues, mais
j'avais gardé mon cœur; et mon imagination ne pouvant rester inactive
essaya des fictions pour échapper à la réalité. Ce fut alors que ma plume
devint une amie patiente qui reçut mes plus intimes confidences,
timide d'abord elle s'enhardit et se montra peu à peu plus habile, à
m'interpréter. Je ne ferai jamais la gloire, et je n'avais souci ont d'eux.
mais je chercherai à me créer un bonheur indépendant des hommes et
des situations.

C'est ainsi qu'après m'être rangée parmi les êtres pensants et créateurs
je marcherai à côté d'eux, dans leur cercle de lumière, portant avec moi
mes maux et mes plaisirs.

Si dans un jour d'angoisse un pauvre voyageur avait laissé son
nom et sa pensée sur les murs du temple où il était venu chercher
un refuge, dites moi lui pardonnerais on cette sorte de célébrité?...

Monsieur, je suis ce voyageur.

Adèle Daminois

Oui, il peut y avoir à présent 25 ans, qu'un homme à l'aspect vénérable, se présentât chez l'un des dentistes les plus distingués de ma province — Monsieur, lui dit-il, je viens réclamer de vous un important service — j'ai un neveu qui habite chez moi. Le malheureux est privé, depuis un mois, de tout sommeil à cause d'une dent gâtée lui causant d'horribles douleurs, sa santé commence à en souffrir, et j'ai résolu de suppléer au courage qui lui manque, en vous priant d'extirper la petite et sourde cause de son mal. J'ai donc compté pour cela, sur toute l'habileté qui vous distingue; mais ce n'est pas tout, pour parvenir à nos fins, il faudrait que nous usions d'une ruse innocente; voici celle que je vous propose.

Avant une heure, je vous amènerai mon neveu sous le prétexte qui me paraîtra le plus propre à endormir sa vigilance; car si vous en prévenez, il se méfie de moi sous ce rapport; il suffira donc lorsque je reviendrai avec lui que vous parliez sans cesse dans le même temps que moi. Au surplus, n'allez rien entreprendre que vous n'soyez bien certain, que s'il me savait éloigné cela, n'en saurais douter, il m'accablerait d'injures, car le jeune homme le plus doux est en même temps le plus violent; je le connais; je pense même qu'il vous faudra de l'aide pour en venir à bout.

Le dentiste ne s'effraya point, et promit de se conformer en tous points aux instructions qu'on venait de lui transmettre; et pria ce nouveau spéculateur, jusqu'à celui-ci il se reparaîtra bientôt accompagné de son neveu.

— Monsieur, dit le premier en lui montrant le jeune homme, vous voudrez bien régler l'affaire en question, ainsi que nous en sommes convenus?

— Soyez tranquille, monsieur; c'est une affaire qui ne saurait tarder à être terminée; vous pouvez compter là-dessus.

— En ce cas, je vous demande la permission de vous quitter ayant un rendez-vous pressé à quelques heures d'ici.

Effectivement, on entendit bientôt le cheval de l'oncle qui l'attendait à la porte, prendre le galop. Lorsque le dentiste le vit s'éloigner aussi rapidement, bien qu'un énorme pays sa soigneusement enveloppé reposa sur la croupe du fougueux animal, il crut pouvoir se hazarder à procéder à son opération; aussi il avait appelé le robuste Bébal, se ménageviez, afin de l'assister durant cette triste cérémonie. Alors qu'après une scène aussi bruyante qu'burlesque que le cadre qui m'est imposé, me force à passer sous silence, le débonnaire spéculateur apprit enfin, que le faux-oncle n'était qu'un adroit escroc, qui de la sorte était parvenu à emporter sans bourse délier, pour six cents francs de drap, dont son prétendu neveu croyant recevoir le montant de la facture des mains du personnage grisé, chez lequel il avait été introduit; ce jeune homme n'était autre chose, que l'un des nombreux commis de la maison de commerce qui s'était laissé prendre aux apparences, comme cela se voit assez fréquemment, sans que pour cela on en devienne plus clairvoyant et plus sur ses gardes.

Caroline Delabarre née Delestre

Le 8 7bre 1836.

À mon Bouquet

———

Charmantes fleurs, courbez vous sur ma tête,
Enivrez-moi de votre douce odeur;
Embellissez ma sauvage retraite,
Conservez-y le parfum, la fraicheur

Branche inclinée à la pâle verdure
Repose-toi sur mon front soucieux;
Viens ombrager ma noire chevelure,
Sèche mes pleurs, voile un instant mes yeux.

Touchant reflet de ma douleur amère,
Seule avec moi tu parais soupirer!
Tu cherches donc la pauvre solitaire!
Quoi! voudrais-tu comme elle aussi pleurer?

Console-moi quand la sombre tristesse
M'ensevelit sous ses crêpes épais;
Quand l'amitié m'oublie et me délaisse
Toi plus fidèle, oh! ne me fuis jamais!

Branche de saule au doux vallon rêveur,
Qu'une onde pure arrose chaque jour,
Mes tendres soins te conservent la vie
Tu restes belle en mon obscur séjour!

Moi je péris sans gloire, heureuse amie,
Souffle sur moi le calme et la fraicheur,
Sans que jamais je me sois endormie
Avec le songe enchanté du bonheur!

Fanny Dénoix

Beaunois 26 7bre 1835

Ma poésie à moi s'échappe de mon cœur :
C'est un cri de détresse au sein de la tourmente,
C'est l'accent du regret, l'écho de la douleur :
De ma lyre attristée une note brûlante
Qui vibre sans effort la plainte du malheur.

E. Désormery

16 novembre 1835

Lith. de Thierry Frères.

Mme AVELINE DESORMERY.

Seigneur, dans mes jours les plus amers, lorsque l'isolement
et le désespoir entouraient mon âme de ténèbres, j'ai crié vers toi;
je t'ai demandé qu'une faible, une divine communication
me fît sentir ta présence, ou dit que tu m'avais écouté [...]
te l'ai demandé (Décide avec le cœur et l'[...] la
mort au cœur), ou bien, si tu ne voulais pas te manifester à
une fille des hommes, j'ai dit envoie vers moi des
[...] qui sont entrées dans ton repos, qu'elle soit pour
moi la colombe de miséricorde et de salut, qu'elle rende à
mon corps ses forces affaiblies, à mon âme l'amour du
salut! Père, tu l'as créé, je succombe! Sans toi, sans pitié! —
Et tu es resté muet; invisible dans ta gloire heureuse, et
tu [...] créature, tu ne l'as pas envoyée!

Je me réveille et je me dis: les dix-huit [...] à jamais
[...] si l'on savait quelque chose du monde inconnu

A. Dupin

Adieu donc, si, pour toujours privée de te voir,
De t'entendre, de te presser sur mon cœur,
ma vie ne s'écoule que dans l'amertume
Et si tu n'achèveras au tombeaux, seule,
sur un lit de douleurs, je t'appelle en vain
et que mes accents, perdus dans l'immensité,
ne parviennent pas jusqu'à toi, adieu !

Adieu ! quand vers la fin d'un beau jour,
tes pas te porteront vers la vallée solitaire
que nous aimions tant à parcourir ensemble
Disant des mots d'amour, l'écho
plaintif répétera tes soupirs, ah !
garde toi d'en douter, ce sera de
ton amie Le dernier adieu !...

Césarie Farreng

mon cher Maradan, je me trouve dans un embaras
dont vous me tirerez. je sais très bien le 15 de j'en
parceque ma pension engagée en entier d'ici là pour
dettes bien indispensables par le malheur des tems je serai
très géné, et d'autant plus dans ce moment que mon médecin
aujourd'hui ma prescrit de prendre tout de suite les
bains de Tivoli, pour mon pied et tout mon côté malade.
sans cela je ne vous aurais fait ma proposition que
dans trois semaines. le voici donc : je vous remettrai
tout de suite les Batteucas moins 40 pages de la dernière
partie que je m'engage à vous donner au plutard dans cinq
semaines, et pour le marché couvenu p.r cet objet enbas
ici. en outre je vous remettrai en même tems un
volume tout fait de nouvelles p.r 12 cens francs, et les
maximes de la rochefoucault que je v.s dois, avec des
notes auxquelles il ne manque que la vie de la rochefoucault
que je vous donnerai dans deux mois, et qui aura au moins
50 pages d'impression. j'aurais pu vendre assés bien à un
autre qui me le demandoit cet ouvrage que vous avés
oublié, mais je n'avois pas oublié que je vous le devois p.r
des mémoires que v.s avés d.à imprimé p.r mon
frère. en outre, mon la Bruyère si mal imprimé dans
livre de chapîtres avec mes notes renvoyées à la fin de
volume au lieu d'être au bas du texte, (ces notes que tout le
monde convient qui étoient dignes d'un tel livre) cet ouvrage
dis-je vous apartient et est réimp.é, il mérite bien d'être
réuni à mes œuvres, si vous le voulés je vous le donnerai
pour ce que vous voudrés, à peu près pour rien. et voici
le mode de payement que je desire p.r tout cela.

d'abord d'ici à deux jours 150.tt dont j'ai absolument besoin
dans ce moment, et le 27 de ce même mois deux cens francs.
ensuite jusqu'au 15 janvier inclusivement tous les 15 de chaque
mois 250.tt après cela une somme de deux mois, c'est à dire rien
les mois de fevrier et de mars, et le reste payable en 4 mois
en recommencant en av.l. en payemens égaux par mois, ou payable en cinq mois de la
même manière payemens égaux par mois si vous l'aimés
mieux. ce marché me tirera de tout embaras et me rendra
fort heureuse, j'aurai l'esprit tranquille et j'en travaillerai
beaucoup mieux. je crois mon ami qu'il est avantageux
pour vous, et comme il m'ôtera toute inquiétude je suis
sure que vous l'accepterés. adieu mon ami repondés moi tout
de suite afin que dès aujourd'hui je me remette de grand
cœur à finir mes chers Batteucas.

dimanche matin.

D.ctrice de Genlis.

Mᵐᵉ LA COMTESSE DE GENLIS.

Le Regret

Champêtre Arzile, où je vis la lumière,
Que à tes rochers je donne de regrets ;
J'errais souvent sur le Mont Solitaire,
Et j'y trouvais le Silence et la paix,

Être Éternel, j'y lisais ta puissance,
Devant mes yeux, ton Ciel semblait s'ouvrir ;
Mon Cœur ardent, enrichi d'éspérance,
Se transportait dans les temps avenir

Ils sont passés Ces rèves du jeune âge,
D'autres encor Se Sont évanouis.
Les maux réels abattent mon Courage
Je ne Sens plus que l'instant ou Je vis.

M^{ise} De Gérardan.

Mme LA MARQUISE DE GÉVAUDAN.

consisté d'une vieille femme à un jeune homme

Vous êtes trop aimable Alfred, j'ai peur que cela ne
vous nuise dans le monde. Les femmes s'empareront de
vous, je vous en avertis. Vous les obtiendrez, la sévérité de
vos principes qui vous défend de chercher à profiter
de leurs faiblesses vous a rendu principalement attentif
à leurs vertus. La générosité de votre caractère vous intéresse
pour elles, et vous pensez que, vis à vis de tous les
hommes ne doivent que protéger leur faiblesse et indul-
gence, vous avez leur douceur et même sensibilité qui
les attire; et vous, sans crainte leur vos intentions
êtes à même à de livrer non ones à des épanchements
dont leur cœur a besoin et qu'avec les autres reprises
toujours l'aspect du danger car c'est à un homme
surtout qu'aime à le confier le cœur d'une femme
honnête et sensible, c'est peut-être sous du fait, qu'elle
est mal connue, mal jugée, à qui elle a toujours
quelque chose à apprendre, de qui elle a toujours
quelque chose à obtenir. La confiance d'un homme
établie beaucoup une femme qui ne l'a pas achetée
trop cher, elle la flatte sa cause même après l'avoir
trop bien payé. Votre confiance a répondre à celle que
vous inspirez, trois ou quatre femmes sont vos amies,
et vous savez comme les femmes aiment quand on
les aime. Je le sais bien, Alfred, moi qui touchée de
votre amitié pour une vieille femme serais tentée
de me rendre ridicule toutes les fois que je parle de vous.

Guizot

Mme GUIZOT, (née Pauline de MEULAN.)

Vous êtes bien bonne, madame, dans
tout ce que vous me mandez sur le discours
de mon mari ; il a produit, je le vois, un
salutaire effet, et je remercie dieu d'avoir donné
à sa parole le pouvoir de servir son pays
j'espère que tout ira bien ; quoique les difficultés
soient grandes, le progrès est sensible, et la providence
protégera sans doute les suites d'un événement
où elle s'est si manifestement déployée.

Eliza Guizot

merci

Mᵐᵉ GUIZOT née de DILLON

Dernière Strophe d'une Ode
sur
l'emploi du temps

Sonnez, sonnez heures sévères,
et que l'airain au son tremblant,
me rappelle au devoir austère
et soit le signal du talent ;
Sonnez, sonnez et que ma lyre
prête à s'échapper de ma main,
aujourd'hui raisonne et soupire....
le silence l'attend demain

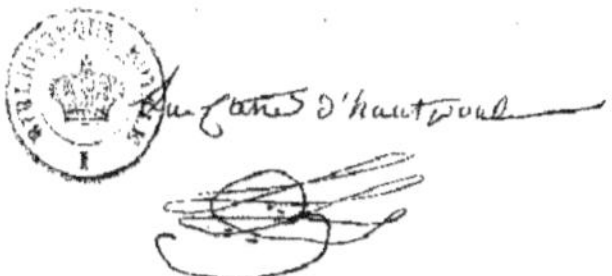

Anne Gabrielle d'Hautpoul

Mme LA COMTESSE D' HAUTPOUL.

et pourtant il en est de pauvres frêles femmes
qui souffrent de leur corps, puis aussi de leur âme,
qui n'ont pour alléger leur fardeau chaque jour
ni tendresse, ni soins, ni consolant amour.
Oh! oui, oui je le sens rien qu'à cette pensée
le froid me vient au cœur et mon âme froissée
Soulevant cette peine en éprouve l'effroi
Car je ne pourrai vivre oh! je le sens bien, moi,
qu'il nous faut un bonheur qui paye et qui compense
pour notre souffrante et malade existence
il faut un prix de nous qui sait plaindre et choyer,
qui relève nos cœurs faciles à ployer
il nous faut pour des jours que Dieu nous fit de larmes
de ces doux soins aimants, de ces mots de ces charmes
qui nous font supporter notre sort douloureux
et trouver dans nos jours quelque beaux jours heureux
il nous faut pour l'enfant qui vient de la souffrance,
un foyer paternel d'amour et d'espérance
pour féconder ce jeune et fragile arbrisseau
et pour alimenter du feu de notre flamme
une tige si tendre; il faut à son berceau
du calme et du bonheur il nous faut fille ou femme
comme il faut dans l'orage une voile au vaisseau
pour aimer nos enfants de l'amour dans notre âme.

Hermance Lesguillon

Mme LESGUILLON, Née Hermance SANDRIN

Le mystère de la mère et de l'enfant.

fragment —

L'enfant de Madame Thièle avait deux ans, et il semblait plus petit et plus chétif qu'au jour de sa naissance; il n'avait ni les folles gaîtés, ni les violentes colères de cet âge, il ne savait ni jouer ni se plaindre; il n'avait appris de ce monde qu'à souffrir, et il souffrait. — les femmes du village quand elles le rencontraient caché dans les bras de sa mère, qui s'efforçait de l'emporter aux rayons du soleil comme une fleur étiolée, se reculaient en tremblant et serraient avec plus de force leurs enfants roses et pleins de santé. — tout ce qui restait de vie sous cette frêle enveloppe s'était réfugié dans le cœur de la mère; pour elle seule il avait un sourire, pour elle seule il avait un cri, pour elle seule il avait une âme. —

La pauvre femme passait les nuits à le bercer et à le regarder dormir; il lui semblait que ce regard maternel attaché sur cet enfant empêchait le mal d'approcher, la mort de venir, et elle avait toujours les yeux sur lui, car elle sentait confusément que tout cela n'était pas loin. — une nuit pourtant, après bien d'autres passées sans repos et sans sommeil, accablée de fatigue elle s'endormit auprès du berceau. — pendant ce temps là, la Sainte Vierge reprit l'enfant qu'elle lui avait donné, sans secousse, sans larmes, en silence! — Thièle vit sans doute en songe le petit ange qui retournait au ciel, et son cœur se brisa pour le suivre. — elle ne se réveilla pas non plus. — c'était par une nuit d'orage, une triste nuit, en vérité! — ils furent beaucoup pleurés tous deux, puis on les ensevelit leurs corps ensemble, car personne ne s'avisait à séparer leurs âmes, et il semblait que leur monde devait les avoir si fidèles près encore que leur vie. —

c'est pour cela que les mères les plaignirent très peu. —

Marie Nodier Menessier.

Mᵐᵉ MARIE NODIER-MENNESSIER.

De l'Égoïsme
—

L'égoïsme est un isolement du cœur, un amour sans mouvement et sans ailes, qui se concentre et se matérialise dans notre existence individuelle ; c'est un intérêt de nos sens qui détourne pour ainsi dire à son profit notre esprit, notre raison, toutes nos facultés morales ; un intérêt qui seul le calcule, et ne permet à l'âme de relation avec les objets extérieurs que pour rapporter dans sa sphère toutes les jouissances qu'elle peut trouver en eux.

Absorbé par de froids calculs et par d'inquiètes prévisions l'égoïste...

Sophie Pannier

— 1er Août 1836 —

Mᵐᵉ Sophie PANNIER.

Pensées Diverses

Pour adoucir le sort des fourmis, rendez celui des hommes meilleur : quand ils seront plus sages et plus heureux, elles seront plus heureuses et plus sages ; leurs plus grandes douleurs sont celles de leurs pères et de leurs maris, leur plus grande honte, les fautes de leurs fils — Vous voulez rafraîchir le soir de la gazelle souffrante, purifiez la source où elle va s'abreuver.

Il n'est pas donné à tout le monde d'aimer beaucoup : — l'amour extrême est le génie du cœur.

Les amours aux plus doux souvenirs sont ceux interrompus au commencement de leur cours comme ces enfants morts dans les langes du baptême, et dont on n'a connu que la beauté et le sourire.

On reproche à l'esprit du jour de n'être ni poétique ni ami des vers : mais nous sommes dans un moment de rénovation, et quand l'oiseau mue, il ne chante pas.

Les jeunes hommes d'aujourd'hui ne puisent guère dans les années du bel âge que tristesse et labeur. — Comme Faust, ils boivent le poison dans la coupe où leurs aïeux s'enivraient de bon vin.

Quand l'hirondelle voit les brouillards et les fumées s'accumuler autour d'elle, elle déploie son vol, et va s'abriter dans un climat plus heureux. Ah ! quand l'hiver des ans répand sur nous ses ombres et sa tristesse, pourquoi notre âme ne peut-elle, quittant sa demeure glacée, s'envoler naître dans un autre printemps ?

On se plaint sans cesse des déceptions que chaque jour fait naître ; moi je ne connais pas une semblable douleur ; non, jamais aucun jour ne trompa mon attente ; car je lui demandai pour toute grâce au monde de m'approcher d'un pas du terme de la vie.

Clémence Robert —

17 Septembre 1835

Mlle CLEMENCE ROBERT.

Extrait de mon journal
particulier —

C'est la faute des hommes si les
femmes ont la faiblesse de cacher
leur âge; s'ils attachaient plus
de prix aux qualités morales cette
manie ridicule n'existerait pas.
ils ne s'inquiètent jamais si l'on
est bonne et aimable, mais
seulement si l'on est jeune et jolie.
il en résulte qu'il n'est presque point
de femmes qui ne se chagrinent
secrètement dès qu'elles s'apper-
-çoivent que leur jeunesse commence
à s'éclipser. c'est à trente cinq ans
que les regrets sont les plus vifs
quand on a de l'imagination et
de la prévoyance; a quarante
cinq on est résignée, a moins
d'être folle : — faites vous
vieille de bonne heure, afin
d'être jeune plus long-temps =

C. rochelle
De Brécy

Mᵐᵉ ROCHELLE DE BRECY.

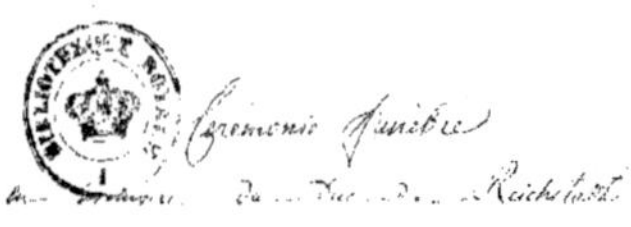

Cérémonie funèbre

en .... du ... Duc ... d... . Reichstadt

(Cette cérémonie eut lieu dans une petite ville de Franche-Comté en avril d'août 183.)

Ô l'époque de la naissance du Roi de Rome .... [illegible manuscript text] ....

Extrait d'une notice inédite sur le Duc de Reichstadt

Nancy 12 décembre 1835.

Les cinq actes de la vie,
moralité.

Le drame de la vie, hélas! est peu de chose.
Aux drames de la scène on peut le comparer;
jusqu'au dénouement jamais on n'y repose;
Bien ou mal, pauvre ou riche, on doit y figurer.

Au premier acte on naît; avec peine on s'avance
à travers mille écueils, vers un but ignoré.
Au second, on s'éclaire, on pressent l'existence,
à de vagues désirs on est déjà livré.

Au troisième, emporté par une aveugle ivresse,
par le monde, l'amour, les renaissants plaisirs,
on ose, on brave tout, on s'égare sans cesse;
On s'apprête souvent d'éternels repentirs.

Au quatrième, las de vaines jouissances;
Le cœur d'autres besoins, d'autres feux se remplit:
L'orgueil, l'ambition, leurs transports, leurs souffrances,
Viennent tout remplacer: cependant on vieillit.

Au cinquième arrivé, le corps, l'esprit s'affaisse;
chaque jour, chaque instant vient briser un lien;
On pense, on parle encor... mais la toile se baisse;
Le spectacle finit, et l'homme n'est plus rien.

La Pcesse Constance de Salm

Paris, 1836

Mme LA PRINCESSE CONSTANCE DE SALM

Paris 10 Juin

Je suis reconnaissant de tes éloges,
et je te remercie de tes critiques,
mon camarade. mais quant au
plus ou moins de bruit que mes
livres peuvent faire, d'abord je te
dirai que ces gloires littéraires sont
risiblement mesquines pour qui les
apprécie de sang froid, et pour qui
n'a pas le pouvoir de mettre les cha-
touillements d'une vanité puérile à
la place des immenses besoins de l'âme
Ensuite je te dirai que nul métier
n'est plus antipathique à ma
nature, à mes goûts, à mon éducation,
à mes habitudes que celui d'écrivain.
J'ai hâte d'achever ma carrière, de
gagner de quoi vivre indépendant
et d'aller former avec toi et nos bons
amis sur les bords de notre Ignéraie
au plus fond et le plus silencieux de la vallée.

George Sand

Mme G. SAND

— — — — — — — — voyez vous arthur, si aujourd'hui, par le canon
mis de plomb sur le champ personnel, des nations s'entretuaient entre
deux cents, mille paquets contre lesquels l'artillerie tournait, à qui les
généraux qui auraient abattu à son adversaire le plus grand nombre
de morceaux de bois personné le plus habile adroit se
condition de la proie sur un terrain que fait sensible, car en vérité
cette un jeu de quilles que le bel art de la guerre
celui de gouverner les hommes est encore plus misérable et bien.
C'est à étudier ces deux sciences, la stratégie et la politique que
j'ai consacré une intelligence qui peut-être serait été haut et
plume aussi je garderai autant ce que j'ai fait ; à tout ce que j'ai
pensé, à tout ce que j'ai osé, je suis monté. . .
— cet général, au même votre nom et mon et t'as donné au but en
votre vie.
— en bas fait mais du contenn ? . . . croyez moi, mon ami, il y
des conditions grand aimer ; et l'amour égoïste donne peu de
beaux jours !
— que diteo vous général ? la comtette vous écrit et son dévouement
— est sublime, je sais que elle ou que l'on pense a été prand
mais en occasion de nobles sacrifices aussi tant qu'elle a pu le faire
avec gloire avec enthousiasme, elle ne les a grand marchandé ; mais
au présent qu'il ne s'agisse plus que de misères, que ce soit
des peines, au bout, les joyeuses émotions de son âge qu'il faudra
me sacrifier journellement, la pauvre enfant souffrira, je les
vous je débattre dans cette lutte si absente, si misérable, qu'elle
adora à peine de l'ornement elle même ! et moi qui la comprend
mais je . . . non, non, arthur, ainsi que je sens le désir
tout à l'heure il vaut mieux valu être appelé au Seur Dieu,
sa bénédiction, diteo aussi beaut que possible, par le Seur
et sa piété que j'oserai pendant vingt ans adonné des conenou
après au nom que l'on dit glorieux, une satisfaction honorable, une
fortune suffisante et enfin peut-être un songe de beauté et
de vérité . . . . — — — — — — —

fragment inédit   A.d... de Flavigny
                            — document Roman —

M^{ELLE} ALIDA DE SAVIGNAC.

Le Marin

Fragment.

Oh! c'est bien l'océan! voici ses blanches lames,
Son odeur âcre et forte et son bruit modulé!
Ce parfum-là vaut mieux que tous ceux de nos femmes,
    Cette voix que leur chant perlé.
Voici mon brick avec sa quille longue et belle, —
Ses deux mâts! — Sur le pont je viens encor m'asseoir;
Je vois encor glisser, rasant les flots de l'aile,
    Le goéland au manteau noir.

Rien dans mon horizon que les cieux et les ondes!
C'est pour en délirer! — J'aime l'océan, moi,
Parce qu'il est tout seul plus beau que les deux mondes,
    Parce qu'il est seigneur et roi!
Comme pour rendre hommage à leur maître suprême,
Les fleuves vont à lui, fleuve immense et profond,
Et le soleil de flamme est le seul diadème
    Qui puisse aller à son grand front.
. . . .

Avance, mon vaisseau, glisse en baignant ta proue, —
Ton câble figurant deux serpents enlacés!
Mouille ta robe verte, allons! la brise joue…
    Entre tes agrès élancés!
Marche, marche toujours, penche ta brigantine,
Va, — la mer n'est point lasse encor, et ne sait pas
Lequel pèse le plus d'une plante marine
    Ou bien d'un navire à trois mâts!

Dieu! si mon brick était ma maison! — quelle joie! —
Vivre dans Sainte-Barbe, et balancé par l'eau,
M'endormir tous les soirs dans mon cadre qui ploie,
    Avoir l'océan pour tombeau! —
Mais je te souillerais, ô Mer indépendante!
Sur la rive, au galet, tu rejettes nos corps,
Et tu charges après la terre, ta servante,
    De t'ensevelir tous tes morts.
. . . .

Anaïs Ségalas

Lith. Gerdon, r. guénégaud 16

S'il ne me comprend pas, que me veut donc ce monde ?
Je ne sens point en moi d'écho qui lui réponde.
De ses chaînes, dès lors, dois-je subir le poids ?
Quels biens m'a-t-il donnés pour m'imposer ses lois ?
Quelle de ses faveurs me peut être ravie ?
Quelle ombre peut manquer sur mon obscure vie ?
Que me font ses arrêts ? S'ils sont injustes, rien !
Justes ? lequel saurait m'atteindre avant le mien ?
Mais, dût-il m'en coûter mon couronnement gothique,
Toujours mes vers seront mon âme ! et ma pensée
Dans leur émotion, leur liberté, leur joie,
Resteront !... S'il en est qui restent après moi !

1835

Arnould Frémy

La curiosité est un sentiment préjudiciable au bonheur.

Femmes! Femmes! conservez les illusions qui plaisent à vos cœurs avec une religieuse complaisance! il vous faudra faire moins d'efforts sur vous mêmes pour résister au désir de pénétrer les pensées de ceux que vous aimez lors même que vous supposeriez qu'elles ne vous sont point favorables, que pour savoir écarter la douleur que produit le désenchantement —

C'est une triste conviction que celle de trouver coupable ce qu'on aime et d'avoir à leur pardonner! — Vos cœurs ne doivent se remplir que d'un baume d'amour et vos esprits ne doivent se nourrir que de sentiments qui entretiennent la douceur et la bienveillance: craignez, ah craignez d'y laisser pénétrer la haine avec son hideux cortège, elle ternirait l'auréole qui ne peut cesser de vous environner — sans détruire la sérénité de vos regards qui est un de vos charmes le plus puissant.

La curiosité conduit à employer la ruse et la finesse pour chercher à découvrir souvent de tristes vérités! — eh bien, ce sont autant d'atteintes que vous porterez à la dignité que vous ne devez jamais abandonner! méritez le respect, attirez s'il se peut, la confiance, par la constance de vos sentiments par une conduite franche, loyale, et désintéressée et si vous êtes trompées, n'ayez de honte, que pour ceux qui vous trompent et non pour vous qui serez abusées, mais qui serez restées fidèles aux croyances du bonheur qui valent leur souvent autant que la réalité.

Le 1er 7bre 1835   M. de Villiers

Je n'aime point à entendre déprécier la vie que le Seigneur nous a donnée par [illegible] jeunes gens qui savent à peine ce que c'est que de [illegible] encore [illegible] par les sages, un séjour de misère et de larmes, non, la vie que nous a [donnée?] sur cette terre est de Dieu [illegible] et comme un père tendre et éclairé il a disposé toutes choses pour le bien-être de ses enfants. Chacun de nous a [reçu?] mai[s] sa part de bonheur en ce bas, il ne nous manque que la sagesse [illegible] en jouir, ou le bon esprit de trouver [illegible] [illegible] près d'[illegible] hélas nous passons [illegible] avec dédain, ou sans l'apercevoir peut-être que celui qui [illegible] sa jeunesse [illegible] [illegible] les simples lumières de la raison, ou les [illegible] plus simples encore de sa conscience [illegible] à ce [illegible] sans efforts; peut-être aussi le bonheur veut-il être acheté, comme toutes choses dans ce monde, par le travail et la privation [illegible] le bonheur et un mot [illegible] ou [illegible] et sur la [illegible] [illegible] se trouve fréquemment. De s'[illegible] ou de s'[illegible] l'homme à la poursuite [illegible] infatigable de ce [illegible] [illegible] qu'il ne [illegible] qu'[illegible] et qu'il [illegible] fuyor [illegible] durable; de là tant de fausses erreurs, tant d'[illegible] [illegible] et [illegible] un découragement mortel.... et pourtant! le bonheur qu'elle [illegible] [illegible] [illegible] [illegible] ou comme un éclair [illegible] est-il pour [illegible] où été créée, et [illegible] lequel pour de [illegible] [illegible] [illegible] tout ce qu'il y a de beau de noble, de [illegible] dans la vie, elle tend vers elle; mais de même que les fleurs que Dieu a semées sur toute la surface de la terre durent peu et ne se trouvent nulle part toutes [illegible] en couronnes [comme?] elles aussi, le bonheur [illegible] de [illegible] bien à peine pour fleurir, [illegible] [illegible] et ce [illegible] [illegible] une félicité complète et durable ne se rencontre[rait] qu'au ciel; c'est là pourquoi la vie est un perpétuel désir....

Elisa Poriot